法王論

梵智長老　教授　博士 ——
The Most Ven. Prof. Dr. Phra Brahmapundit
著

翻譯
釋阿難　A. P. Ānando
釋悟性　Bhikkhuni Wusung
陳彥玲　Chen Yan Ling

▲印度菩提迦耶 (Bodhgaya) 摩訶菩提寺 (Maha Bodhi Temple)

【目錄】

【大乘佛教研究中心叢書】總 序

本性禪師

　　文明可以互鑒，人心可以相通。自古以來，人類文明的互動從未斷絕。無數先人以堅毅的精神，不惜付出血汗乃至於生命，度群山，越沙漠，渡海洋，才有今日人類共同體的繁盛。「地球村」的形成提醒我們：人不能遺忘世界，而世界也不曾離開我們！如今，中國「一帶一路」戰略以古代「絲綢之路」為歷史符號，打造政治互信、經濟融合、文化包容的利益共同體、命運共同體和責任共同體，它讓我們再次銘記文化交流的歷史使命和重要意義！

　　產生於西元前六～前五世紀古代印度的佛教是人類智慧的結晶，也是不同文化交流的紐帶。因傳播區域文化、風俗、自然條件等因素的差異，佛教逐漸形成各具特色的流派，深刻影響著這些地區的政治制度、語言文化、民俗生活等方方面面。南傳佛教以今天的泰國、緬甸、斯里蘭卡等地區為典型，北傳佛教則以中國、日本為代表。

　　中泰兩國的文化交流源遠流長，大約在漢朝以後，兩國就開始有了交往。三國時期吳國的康泰曾出使扶南、天竺等國，南北朝時期，僧伽提婆、曼陀羅、須菩提三位扶南高僧來華，從事佛經翻譯。當時的扶南作為南海航路中重要的交通中心，是佛教東傳的重要網站之一，許多南來北往的僧人

在此中轉。隋唐以後更是交流頻繁，中國著述如明代《咸賓錄》、《海語》中都提及當時泰國民眾的佛教信仰。據稱，曇無竭和法盛都是西元五世紀時出訪過泰國地區古城邦的中國僧人，也是史料中所知的最早到過泰國地區的中國僧人。而十九世紀下半葉，廣東籍僧人續行法師入泰弘法，籌資興建了第一座漢傳佛教寺院——大乘院龍福寺，繼而又修建龍蓮寺、龍華寺等「三龍古寺」。

相較於歷來以大乘佛教為主流的中國佛教，以泰國佛教為典型的南傳佛教有其鮮明特色：第一，保留了較為接近佛陀時代的乞食、布薩等傳統。《金剛經》開章佛陀乞食的生活場景是中國人耳熟能詳的，但這在漢傳佛教中已十分罕見，南傳佛教則此風依然。第二，注重禪修，形成完善的禪修理論體系。目前南傳佛教中流行的禪修理論很多，著名者如泰國佛使比丘的自然內觀法、泰國阿姜查系統的禪修正念理論、緬甸馬哈希尊者系統教授四念住的修行法等。第三，有完備的南傳大藏經。英國於一八八一年成立巴利聖典協會（Pali Text Society），將南傳大藏經及注釋之大部分以羅馬字校訂出版，日本方面將其譯成日文出版，題為《南傳大藏經》。

實際上，南北傳佛教在教義、軌制等方面雖然有各自的特色，但仍然有著許多共同的內容。例如，中國律宗奉行的法藏部《四分律》也屬南傳同一系統；南傳佛教禪修實踐體系中也有很多內容與中國的禪宗異曲同工。就有研究者提出，達摩祖師的壁觀可能與南傳佛教定學「從地遍處入手，應用到地色的曼荼羅」有關。

自近代以來，太虛大師著力於人間佛教理論的構建與僧制的改革，宣導各種佛教之間的交流與合作，以此回應西方

文明的挑戰和文化的多元發展。大師重視「他山之石」，透過對南傳佛教發展歷史、教理制度的考察與比較，取長補短，謀求新時期中國大乘佛教的更新與重振。首先，太虛大師肯定南傳佛教在世界佛教發展中的重要地位，認為「其教化之深入民心，習成族性者，非他國所能及。」其次，創辦漢藏教理院等，鼓勵弟子前往泰國、緬甸、斯里蘭卡等地求學。其弟子中，法舫法師譯有《阿毗達摩攝義論》、《吉祥經》等聖典；葉均譯有《清淨道論》等，即便是以中國佛教研究著稱的印順法師，也於一九九〇年代初參與監修了漢譯《南傳大藏經》的工作；福建的慈航大師長期弘化於南洋緬甸各地，曾準備遵從南傳佛教律儀進行律制改革試驗。

南傳佛教又是佛教進入西方社會的先鋒。據說西方對佛教產生興趣是在十九世紀初，此後西方人所瞭解和信仰的佛教大多是南傳佛教，歐美的佛教研究也主要是以梵文、巴利文文獻為主，為此，太虛大師曾特別提醒後來者：「吾人所當先注意以大乘佛教宏傳南洋者也。」其意當是在提倡增進南北傳佛教的互動與交流，由此讓中國佛教融入國際，獲得西方社會的關注。

衲夵為中華大乘佛教之禪宗傳人，屢屢見及太虛大師、慈航菩薩諸文中「隱含之心事」，曾受命赴斯里蘭卡凱拉尼亞（Kelaniya）大學修學南傳佛教多年，遂有志於促進南北傳佛教的和諧交融與東西方文明的友善對話，故有大乘佛教研究中心之創建。福州開元寺近一千五百年歷史，曾是皇家寺院，千年之前曾刊刻著名的漢文大藏經——毗盧藏，以此享譽中外；摩訶朱拉隆功佛教大學是泰國曼谷時代早期的教育組織，已有一百多年歷史，創辦人為泰國國王，不僅為佛教

及國家辦教育，也是泰皇和教育領袖僧眾的互動平臺。大乘佛教研究中心就是由這千年名寺與百年名校所共建的佛教文化學術機構，設址於摩訶朱拉隆功佛教大學的新校區。該中心的共建，是中國與泰國佛教友好交流與法誼深厚的典型象徵，更是南傳與北傳佛教同根同源與密切合作的典型範例。根據我們的設想，大乘佛教研究中心未來將致力於以下三個方面的交流與合作：

（一）共同推動以網路化、資訊化、數位化為手段的佛教弘法、佛教教育、佛教管理、佛教體驗的新模式；

（二）共同致力南北傳佛教的友好交流，東西方文明的友善對話，推動南北傳佛教經典著作的多語種互譯出版，推動舉辦國際性佛教學術活動與佛學高端講座；

（三）共同弘揚佛教藝術的魅力，推動南北傳佛教藝術的交流與合作。

佛教修學與研究的國際化乃是當今時代之潮流，這無疑將有益於推動人心的淨化、社會的和諧、世界的和平。本叢書的定位在於南北傳佛教經典著作的多語種互譯出版，將有利於向世界積極主動地展示南北傳佛教歷史、現狀與成就，為東西方、南北傳佛教修學者、愛好者與研究者的互動搭建適宜的平臺，進一步提升國際佛教界的整體水準與綜合素質。更為重要的是，經由南北傳佛教的互動共榮，進一步向西方社會乃至全世界打開佛教智慧之門，融匯南北傳佛教之精華，讓佛陀之光，普照世界。

佛曆二五五九年（2015）　　序於福州開元寺

▲印度菩提迦耶佛陀成道聖地的菩提樹

▲印度菩提迦耶正覺大塔佛像

前 言 ── 法 王 論

梵智長老

　　今天要講的題目是**法王**。簡單的一個詞，卻包含著非常廣泛的含義。之所以如此乃是因為依照佛教的理念，法王是管治國家的理想人物，曾經在多處佛教信仰流傳的地區，因機制宜，修改採用。因此，法王的理念不曾中斷過，從佛陀的時代到現在，一直被修改以適用於不同時期的社會情況。為了能夠一路看到整個法王理念的發展，我們必須先從社會背景方面著手，同時探究「**王**」、「**法王**」和「**素可泰法王**」（Sukhothai Dhammarājā）這三個名詞的來源，以及在不同的時代裡，其含義如何擴展開來。

　　第三個名詞「素可泰法王」，是泰國拉瑪（Rama）七世王巴差提勃（Prajadhipok）的稱號。陛下的名字，也是今天大會主辦單位拉瑪七世王學院（King Prajadhipok's Institute）的校名。

▲泰國拉瑪七世王 (King Rama VII)

▲印度鹿野苑(Sarnath) 達美克塔(Dhamekh Stupa) 建於西元五世紀的笈多
（Gupta）王朝，是阿育王（Ashoka）所造的紀念佛塔遺蹟之一。

壹

法王

使人民歡喜滿意者

起世因本經卷第一

閻浮洲品第一

隋三藏闍那崛多等譯

如是我聞一時婆伽婆在舍婆提城
迦利羅石室時諸比丘食後皆集當
說法堂一時坐已各各生念便共議
言是諸長老未曾有也各生此念象
生所居國土天地云何成立云何而
壞云何壞已而復成立云何立已而
得安住

佛三藏闍那崛多等譯

今時世尊獨在靜室天耳徹聽清淨
過人聞諸比丘食後皆集常說法堂
共作如是希有言論世尊聞已晡時
出禪從石室起往法堂上在諸比丘
大眾之前依常敷座端坐於是
世尊知而故問汝等比丘於此集坐
向來議論有何所說時諸比丘同白
佛言大德世尊我等比丘於此法堂
食後共集大眾詳議作如是言是諸
長老未曾有也云何世閒如是成立
太何世閒如是成立云何世閒壞已
復立云何世閒立已安住大德世尊

我等何來集坐言論正議斯事
今時佛告諸比丘言善哉善哉汝諸
比丘乃能如是如法信行諸善男
子汝以信故捨家出家汝等若能善集
一覆作如是如法語者應當修此二種
汝等比丘若集坐時應當修此二種
法行各為已業不生息憺所謂論說
法義及聖黙然若能介者汝等當聽
如來所說如是之義世閒壞已而復成立世閒
散壞世閒壞已而復成立世閒立已
而得安住

今時佛告諸比丘諸比丘言大德世尊
時諸比丘同佛言大德世尊今正
是時修伽多今正是時若佛世尊為
諸比丘說此義者我諸比丘聞世尊
說當如是持

今時佛告諸比丘言汝等比丘諦聽
諦聽善思念之我當為汝次第演說
時諸比丘同白佛言唯然世尊願樂
欲聞

佛言比丘如一日月所行之處照四
天下如是四天世界有千日月
所照之處於此則名為一千世界諸比
丘千世界中千月千日千須彌山王

法王——使人民歡喜滿意者

　　「王」一詞的來源和故事，記載於**《起世因本經》**（*Aggaññasutta*）。[1] 這部經典被佛教學者視為佛教的創世紀書（The Book of Genesis）。想要理解佛教對世界起源和人類誕生之看法的人，應當研習《起世因本經》。

　　這部經典從演化理論的角度，闡明世界的起源和人類的誕生，完全沒有如婆羅門教（Brahmanism）梵天（Brahmā）或上帝創造世界之說。《起世因本經》記載，在上古時代，人口增加後，食物匱乏的問題也隨之而來。起初，每個家庭按照自己所需，去收割自然天生的稻麥，需要多少就取多少，不儲備多餘的糧食。也就是說，需要了就去取，自然天生的稻麥就足夠供應每個人的生活需求。

▲上帝創世第一天

▲梵天

　　後來有些人貪心了，開始積蓄超過所需的米糧，造成公糧不足。因此有必要將土地分隔，讓每一個家庭自己耕種。卻又帶來了爭奪土地、偷取米糧之事，以至於村人決定挑選一個人來負責管理土地糧食分配之事，避免發生衝突和調解爭論，大家也願意共同分擔負責人的費用。由此決定，產生了稱為**剎帝利族**（Khattiya 或 Kṣatriya）的管理階層。首位被挑選來擔任管理的人，稱為**摩訶三摩多王**（Mahā Sammata Rājā，大選出王），意指被公眾挑選來負責維持社會治安者。由是之故，佛陀說：

　　「摩訶三摩多是『依全民選出者』之意；於是『摩訶三摩多』則被稱作第一之慣用語。」[2]

　　以此推之，管理者既有責任為民眾分配土地，又有維護人民生計的職權。由於他是田地的大人物，所以名為**剎帝利**。如佛所說：

　　「剎帝利是『田（Khetta）主（或譯農場主）』之意；於是剎帝利則被稱作第二之慣用語。」[3]

刹帝利的意思與泰文的「大地之主」（Pra Chao Phean Din）相似。

被選為國君者，在執行分配土地時，不得有偏見或偏心，而且必須維持社會的治安，執法公道，使得人民對他的執行任務感到滿意和安心。

▲德里西南部地區的刹帝利武士

因此管治者又有另一名稱──王（Rājā），使人民歡喜滿意者。

佛經說：「Dhammena pare rañjetīti kho...rājā。」翻譯成中文為「王是依法讓他人喜悅。」[4] 依據《轉輪聖王經》（*Cakkavattisutta*）注釋書的闡釋：以法使他人歡喜者稱為「王」。這裡的法指的是四攝法（Saṅgahavatthu）。[5]

辟右膝著地以右手摩捫金輪語言汝向東
方如法而轉勿違常則輪即東轉持轉輪王
即將四兵隨其後行金輪寶前有四神導輪
所住處王即止駕尔持東方諸小國王見大
王至以金鉢盛銀粟銀鉢盛金粟來詣王所
拜首白言善我大王今此東方土地豐樂多
諸珍寶人民熾盛志性仁和慈孝忠順唯願
聖王於此治正我等當給使左右床受所須
當時轉輪王語小王言止諸賢汝等則為
供養我已但當以正法治化勿使偏枉无令
國內有非法行身不敏生教人不敏生偷盜邪
輕雨舌惡口妄言綺語貪取嫉妒邪見心人
此即名為我此所治時諸小王聞是教已即

▲《轉輪聖王經》- 唐代鐘紹京楷書墨蹟

佛告化丘世閒有轉輪聖王成就七寶有四
神德去何轉輪聖王成就七寶一金輪寶二
白象寶三紺馬寶四神珠寶五玉女寶六居
士寶七王兵寶去何轉輪聖王金輪寶成就
若轉輪聖王出閻浮提地剎利水澆頭種以
十五日月滿時沐浴香湯上高殿上與綵女
衆共相娛樂天金輪寶忽現在前輪有千輻
其光色具足天金所成天匠所造非世所有
輪徑丈四轉輪聖王人見已默自念言我曾
從先宿諸舊聞如是語若剎利王水澆頭種
以十五日月滿時沐浴香湯昇法殿上綵女
圍繞自然金輪忽現在前輪有千輻光色具足
天匠所造非世所有輪徑丈四是則名為轉

　　《起世因本經》呈顯的是，種姓制度（Castes）起源於原始部落人們的分工合作，因此是人類自己建立了種姓階級制度，而非婆羅門教講的梵天創造種姓制度。

　　婆羅門教說，梵天創造了世界和人類。創造了人類之後，梵天明白規定人一旦出生，就歸屬於指定的不同種姓：6

▲《印度種姓中的七十二種類型》書裡的四種人

　　生在婆羅門（Brāhmaṇa）族者，從梵天的口出生，所以有任務學習和教導《吠陀經》（Veda）。

　　生在剎帝利（Kṣatriya）族者，從梵天的手出生，所以有任務管理其他種姓的人。

　　生在吠舍（Vaiśya）族者，從梵天的腿出生，所以他的任務是工作。

　　生在首陀羅（Śūdra）族者，從梵天的腳出生，所以他的任務是服務以上三種姓的人。

▲《吠陀經》

▲泰國佛統府大佛城
（Buddhamonthon, Nakhon Pathom）遊行佛

　　婆羅門教指定說，人出生在哪一種姓，一生註定是該種姓的人，這是梵天規定的。換言之，人的命運就是天生註定的，變換種姓是不可能的事，逾越種姓的結婚也會使種姓不純淨。一般人要知道誰屬於什麼種姓，就看其姓氏。每一個種姓有其特有的任務，稱為**種姓法**（Varnadhramma）。如婆羅門的任務是教導《吠陀經》，剎帝利的任務是管治和維護種姓制度，使其不滅亡。剎帝利族不是來自人民的設立或挑選，而是來自梵天的創造。意思是說，國王的地位是來自出生的家族，當上國王就一輩子是國王。國王必須努力保衛國家，如法依循梵天在《摩奴法典》（*Manusmṛti* 或 *Mānava-Dharmaśāstra*）中的規定，這是該種族專屬的職責。

　　佛教對「國王」的看法，有別於婆羅門教中的種姓制度。《起世因本經》指出，種姓制度不是梵天創造，而是人類自己建立的。因此，人可以廢除種姓制度，也可以經由自己的行為變換種姓。意思是說，個人依自己的業（也就是所做的行為），決定歸屬於高或低的種姓，並非由人的出生來決定種姓。

因此佛說：

「非因生來乃賤民，亦非生是婆羅門，乃由依行是賤民，亦依行是婆羅門。」[7]

「以業分別種種之有情，即有優、劣之性。」[8]

　　同樣的，人成為國王不是因為出生的族姓，而是因為自己所造的業，即其所做的行為。如果造善業，執行正法完成任務，就是好國王。如果做惡業，執行任務違反正法，就是壞國王。以正法執行任務的好國王，稱為**法王**（Dhammarājā）。

如法及奉法至上的國王

法王──如法及奉法至上的國王

「法王」是佛教的理想君王，法王的理念記載於《轉輪聖王經》。[9] 在這部經典中，佛說：「維護正法的君王，是**法王**。他是一國的大人物，有四大海洋環繞著，是勝利者。」[10] 有一位比丘問佛陀說：「既然國王是一國最偉大的人，那還有什麼比國王更偉大嗎？」佛陀回答：「法，比國王更偉大。」[11]

這位比丘所提的問題，涉及到國王使用權力的範圍。當國王擁有一國最大的權力時，有什麼可以避免使他逾越王權、成為暴君呢？佛陀的答案是：「法，是使國王不逾越王權的工具。國王應在法的範疇內使用王權，王法監視王權。」

順此義，「法王」一詞，有二個含義：

1、法王意指「**以法為王者**」：意思是說，君王奉法為至上，即是法增上的（Dhammādhipateyya）。如佛陀繼續說：

「君王皈依法，推崇法、尊敬法、崇拜法、信奉法、遵守法，以法為勝利的旗幟，奉法至上，以法增上。」[12]

2、法王意指「**如法之王者**」（Dhammikarājā）：意思是說，維護正法或遵行王法的國君，使人民歡喜和滿意。有一問題隨之而來:「此王法是什麼呢？」從《轉輪聖王經》的注釋書所得到的答案是:「王法，指十善業道，五轉輪王職責和四王攝法。」[13]

總的來說，法王是指「奉法至上的君王」，即是「**法增上**」與「**如法王者**」，即維持正法或遵行王法的君王，所遵行的王法是道德法，即應踐行的任務。真正法王是遵守王法，盡其所能的執行任務，盡職、勤奮和忠心。如佛所說：

「Dhammañcare sucaritaṃ（應行法善行） 應當竭盡全力履行責任。」[14]

　　君王需要盡職執行的王法，是十善業道、轉輪王職責和王攝法。

　　十善業道，是十種做好事的方法，分為「身行好事」三項，「口說好話」四項，和「心想好念」三項：[15]

　　身行好事三：不殺生、不偷盜、不邪淫。這是五戒中的前三戒。

　　口說好話四：不妄語、不兩舌、不惡口、不綺語。可以看到「不妄語」是五戒中的第四戒。

　　心想好念三：不貪別人的東西、不傷害他人、正思惟。

　　這十善業道的實踐，類同於五戒，只是多加「心想好念」三項。

　　包含五戒在內的十善業道，可算是監督君王使用權力的法。假如沒有法作為工具來監督，君王也許會濫用權力、或錯用權力，而使人民受難。

　　佛說：

　　「Vaso issariyaṃ loke （勢力世間主）在世上，權力至上。」[16]

英國阿克頓（John Dalberg-Acton）勳爵說：

「權力使人腐化，絕對的權力使人絕對的腐化。」[17]

十善業道可以幫助君王避免誤用權力；轉輪王職責和四攝法則是協助君王善用權力，造福人民。

轉輪王職責指的是君主、國王和治國者執行任務之道，共有十二項，[18] 可歸納為以下五大項：[19]

一、**法增上**（Dhammādhipateyya）：奉法至上。意思是說，國君奉法為王，以法為至上，高於自己，用法來管制王權。「法王」所展現的是，崇拜法、信奉法、尊重法、守持法，以法為首，以法為旗幟。總的來說，法王以法為工具來治理國家，即以法作為統領國家的政策；持法為旗幟，直接或間接宣揚和教導法，使人民能夠接受和實行，使國家富強，人民和樂。

　　二、**法護**（Dhammikārakkhā）：維護七類人民的法念，如王族、官員、軍人、出家僧尼、婆羅門、百姓等等，再加上護念各種動物，一共有八類，再加上其餘四項的轉輪王職責，總共有十二項。不過在這裡，我們將法護的這八項，總匯歸為第二大項，與其餘四項的轉輪王職責加起來，一共有五大項。

　　三、**禁非法**（Adhammakāra nisedhanā）：設置保護和改良的措施，以避免國家有不幸的事情發生。由法王執行任務，保護人民，使他們遠離罪行；以及當有民事案件時，成為審判者，維持社會公道。

　　四、**理財**（Dhanānuppadāna）：尋找財源，讓人民吃好住好，國家富足，沒有窮人。

　　五、**遍問**（Paripucchā）：與宗教家和博學者共同研討，擬定合適的治國方針。

▲數十艘金碧輝煌的皇家金鳳船隊在曼谷的湄南河上巡遊，
慶祝泰皇拉瑪九世登基 60 周年

　　遵行上述的轉輪王職責，使法王奉法至上，以法治國，令人民歡喜滿意。此外，法王之所以偉大，是因為遵守法，以法征服人心，不是以武器強壓別人去奪取權力。如佛在《轉輪聖王經》中說：

　　「**君王以法得勝**（Dhammena abhivijiya），不必下敕令，不需用兵器來治國，有四大海洋環繞著。」[20]

　　佛所說的這句話，是阿育王時代「**法勝**」思想的來源。

　　一般來說，「四攝法」意指攝化人心之道，有如下四項：[21]

一、**佈施攝**（**Dāna**）：與人分享。

二、**愛語攝**（**Piyavācā**）：說話柔軟悅耳。

三、**利行攝**（**Atthacariyā**）：身行好事。

四、**同事攝**（**Samānattatā**）：立身處世合宜。

　　君王為人民謀福祉所必需實踐的法，不是上述的四攝法，而是另一套法──「王攝法」，即君王濟助人民之道。佛陀在《牲祭經》（*Yaññasutta*）[22] 講到這項法。

▲泰國曼谷國柱神廟 (Bangkok City Pillar Shrine)

▲泰國曼谷國柱，象徵城市保護神

波斯匿王（巴 Pasenadi 梵 Prasenajit，古印度憍薩羅國國王）做了個噩夢，請祭司婆羅門（Purohita）解夢。祭司婆羅門預測這夢是一個惡兆，國王將會失去王位和遭受生命危險，他建議國王祭神消除災難。國王同意，下旨準備祭神儀式。供品計有公牛五百頭、幼公牛五百頭、幼母牛五百頭、山羊五百頭、綿羊五百頭，以及有眾多的奴僕和工人被繫綁於柱子上，遵照婆羅門教的典禮殺生祭神。頓時人畜淒慘哀嚎之聲四起，佛陀知道這事後說：

「大祭禮，必須準備很多供品，要殺山羊、綿羊、牛，還有其他的牲畜。這些包含馬祭、人祭、擲棒祭、飲祭、無遮祭的大祭禮，不會產生什麼大效果，因為像佛陀這樣尋求大智德者，遵行正道，是不會接近這種牲祭的。」[23]

在佛陀的時代，婆羅門教尋求權力和保護財物的國王們，舉行五種祭神儀式，以殺生為主：[24]

一、**馬祭**（Assamedha）：以殺馬祭神為主，也包括祭祀其他的財物，但不包括土地和人，需豎立二十一根柱子來綁繫大約五百九十七種牲畜。

　　二、**人祭**（Purisamedha）：以殺人祭神為主，也包括其他財物，如同馬祭，但也包括祭祀土地。

　　三、**擲棒祭**（Sammāpāsa）：將綁繫著牲畜的柱子拋上空，柱子落地在哪裡，就在那裡設神柱祭祀。

　　四、**飲祭**（Vājapeyya）：以喝生力飲（Vāja），即清牛油和蜜糖為主的祭祀，另加牲畜十七隻。

　　五、**無遮祭**（Assamedha）：無遮止的祭神，即無限定供品的祭祀。意思是說，不用設立柱子祭神，禮拜如同馬祭，但可以祭祀所有的物品，不排拒任何東西，所以也叫一切祭（Sabbamedha），意即可用所有的物品祭神。

　　佛陀教導所有的國王，停止一切以殺生為主的祭神儀式，反過來實行濟助人民的方法。佛陀說：

　　「凡是只要作少許的準備，不用殺山羊、綿羊、牛和其他的牲畜，一直以來是人們為傳宗接代所舉行的儀禮，像佛陀這樣尋求大智德者，遵行正道，必然會接近這些牲祭。」[25]

▲緬甸仰光大金塔 (Shwedagon Pagoda, Yangon)

「祭神儀式」被賦予新的含義，稱為「王攝法」，這是君王們應該實行濟助人民的方法，有如下四項：[26]

一、**穀祭**（Sassamedha）：善於種植食物，發展農業和刺激商業，徵收低稅率。

二、**人祭**（Purisamedha）：善用軍民、公務人員，並且回報給他們足夠的薪資。

三、**擲棒祭**（Sammāpāsa）：有高尚的品格，關心人民，懂得發展職業以博取人心，例如給窮人貸款去投資從事各項業務，三年內不必付利息。

四、**飲祭**（Vājapeyya）：善知以輕柔的語氣、禮貌的用語，促進人們的融洽團結。

當君王以四王攝法濟助人民，國家會因而穩定繁榮，堪稱魚米之鄉，沒有偷盜，人們生活幸福安全，家門不必上鎖防備小偷。這樣的生活環境叫**無遮祭**，意思是家門不必上鎖。無遮祭是四王攝法帶來的好處，因此不含在王攝法裡面。

▲ 印度吠舍離 (Vaishali) 阿育王石柱

阿育王
是法王的首位典範

▲ 印度吠舍離的阿難舍利塔

阿育王是法王的首位典範

遵行上述的善業道、轉輪王職責和王攝法，使管治者成為法王——奉法至上，以法治國，使人民歡喜滿意。法王因尊崇法而偉大，因尊崇法而勝利，不是用武器戰勝別人而獲得王權。佛陀在《轉輪聖王經》中說：

「君王以法得勝（Dhammena abhivijiya），不必下敕令，不需用兵器來治國，有四大海洋環繞著。」[27]

阿育王將佛陀宣說的這個理論，作為他治國的方針，稱為「法勝」（Dhammavijaya）。

阿育王於佛曆二一八年（西元前三二五年）登基。[28]登上王位之前，他殺害自己的親兄弟及眾多的政治敵手，然後通過戰爭，將國土擴大到印度史上前所未見的廣闊。為了奪取政權和擴大國土，阿育王使用極其兇殘的手段，因而惡名昭彰，被喻為「旃陀阿育王」（Caṇḍāsokarāja），

▲印度鹿野苑阿育王石柱頭（取自 http://pdpics.com/）

意即暴惡的阿育王。在位八年後，阿育王舉兵攻打羯陵
伽國（Kaliṅga），忽然對於自己殺害上十萬人的性命覺
得痛心，從此改信奉佛教和採用法勝思想治國，而非以武
力戰勝的政策。也就是說，阿育王由敲起開戰之鼓，轉為
敲起弘法之鼓。至此以後，他有了新的美譽「**法育王**」
（Dhamāsokarāja），意即**維護正法的阿育王**。全世界的博
學者公認阿育王為法王的首位典範，他成功將佛法運用到
治國的方針上。

　　現今在印度發現的三十三處阿育王的敕令（Edicts of
Ashoka），成為重要的證據，使我們得知阿育王的「法王
式」治國方針及其個人的品行。在這些阿育王的敕令裡，
阿育王稱呼自己為「**天愛喜見王**」（Devānaṁpiyadassī）。
阿育王的敕令使後人瞭解，阿育王改用於治國的法理，乃
是依循《轉輪聖王經》闡述的法理，有善業道、轉輪王職
責和王攝法。雖然一般人將阿育王敕令中的法理，稱為阿
育法，不過因為阿育王是佛教徒，在他敕令中的法理應該
就是佛法。

　　詳細記載「王攝法」的《牲祭經》，對於阿育王下令
禁止殺生，應是有極大的影響。敕令第一章宣示：

　「在此地，人們不應殺牲祭神。」[29]

在位二十六年，阿育王下旨禁殺多種動物。[30] 因此，在阿育王的年代，再也沒有舉行殺生祭神的儀式了。但在後來的朝代裡，婆羅門補砂密多羅（Puṣyamitra）自立為王，曾舉行了兩次的馬祭，即殺馬祭神的儀式。[31]

除了禁止殺生祭神之外，阿育王還建造醫院來治療人和各類動物。敕令的第二章有如下一段文：

「天愛喜見王下令設立兩種醫療服務，一是為醫治人的疾病，一是為醫治動物的疾病。醫治人和動物疾病的藥材，哪個地方有缺乏，請引入和種植在那裡。」[32]

可以說，阿育王是世界上第一位為動物建設醫院的人。

阿育王運用佛法去監管他的王權，他不迷戀王權，而是認為地位和權力有利於弘法和給人民帶來利樂。敕令的第十章宣告：

「天愛喜見王不認為官銜或威權有很大的利益，之所以希求官銜或威權，是為了在現在和將來，所有的人民能夠聽到我的弘法，並遵行法中的規則。天愛喜見王祈望官銜或威權僅僅為此而已。」[33]

▲印度鹿野苑阿育王石柱遺蹟

▲尼泊爾藍毗尼園（Lumbini）阿育王石柱

　　在國家內政和外交方面，阿育王採用**法勝**的政策，以法取勝。敕令第十三章宣告：

　　「對天愛喜見王來說，最大的勝利是『法勝』（以法取勝）。天愛喜見王在國內和國外六百由旬（Yojana，古印度的長度單位，原指公牛掛軛走一天的路程）外，都做到了以法取勝。」[34]

　　阿育王所採用的法勝政策，來自轉輪王職責的第一項「**法增上**」（Dhammādhipateyya）──奉法至上。如所能見到的，阿育王在國內採用**法旗幟**，即舉起法的旗幟為人民帶頭引路；重視法的佈施，以身作則來弘法，並且讓其他的人也去弘揚佛法。如敕令第七章的一段文說：

　　「我有一個想法──我要弘揚法，我要修學法。人民聆聽法之後，會跟著實踐，自我提升，人生更加興盛、穩健。」[35]

　　除此之外，阿育王還以各種方式護持佛教，如建造八萬四千座佛寺，資助佛教的第三次結集，派遣王法使（Dhammadūta）在國內和去國外弘揚佛教，因此也強壯了他的法勝政策。

▲泰國佛統府佛統大塔（金地）

▲斯里蘭卡阿努拉德普勒(Anuradhapura)的摩訶菩提樹,是由印度阿育王
派遣的僧伽蜜多長老尼帶到此地。

　　在外交方面，阿育王停止以武力戰勝的手段，採用以法取勝來與鄰國和平交誼。敕令第十三章說：

　　「（鄰國的人民）大家一起遵循天愛喜見王教導的法修行。即使在天愛喜見王**王法使**沒有到達的地方，當人們聽到天愛喜見王的法務、法儀和法教之後，也一起奉行法，並且持續奉行法。僅僅如此，勝利已經到達每一個角落。這樣的勝利散發著歡樂之味，使人們心滿意足，這是法勝帶來的喜樂。」[36]

　　阿育王奉行法勝政策，對世界文明最有成效的，是遣送王法使分九路到各國去弘揚佛教，使佛教擴展到印度的境外，成為世界上重要的宗教。王法使有兩條路線，分別前往金地（Suvaṇṇabhūmi）和楞伽島（Lanka，又稱錫蘭，現今的斯里蘭卡 Sri Lanka），佛教也因此傳入泰國領土。金地路線的王法使，有須那長老（Soṇa）和郁多羅長老（Uttara）為帶領者。

▲斯里蘭卡康堤 (Kandy) 佛牙節慶典

　　至於楞伽島的王法使，阿育王甚至遣送自己的王子和公主，就是摩哂陀長老（Mahinda）和僧伽蜜多長老尼（Saṅghamittā）前往此處，影響錫蘭當時的國王天愛帝須王（Devānampiya Tissa）轉而改信佛教，並宣稱自己是阿育王素未謀面之友（Adiṭṭhapubbasahāya）。

　　阿育王奉持的第二項轉輪王職責是**法護**，意指維護人民的法念。阿育王待民如子，他在一特別敕令的第二章宣告：

「所有的百姓都是我的孩子。」[37]

「讓人民能安心，對我有信心，直到他們明瞭，陛下是我們的父親，他疼愛和關心我們，就像愛他自己。我們如同是他的孩子一般。」[38]

　　阿育王奉持的第三項轉輪王職責是**禁非法**，意指預防不讓國家有壞事發生。如果有民事案件發生，阿育王即委命高階官員，擔任監察官（Rajjūka），授予全權去調查和裁判案件。[39] 同時也任命法務官，接受人民訴苦，和協助解決問題，以減輕法庭的工作。[40]

　　第四項轉輪王職責是**理財**，意指尋找財源，讓人民好吃好住、生活愉快。為此，阿育王建築許多道路和公共便利設施。敕令中說：

　　「即使在馬路邊，我也讓他們種榕樹，給動物和人帶來蔭涼。也有芒果園。在每半由旬的地方挖井，蓋涼亭給路人休息，並且在各個地區建造儲水池，讓所有動物和人有水可用。」[41]

　　更而甚之，阿育王還讓高階官員代替他、王后和王子佈施給人民。[42]

印度阿努拉德普勒的魯旺瓦利沙大佛塔
（Ruvanvelisaya Dagoba, Anuradhapura）

　　轉輪王職責的最後一項是**遍問**，意指與宗教家和博學者磋商。在這事上，阿育王支持各宗教的相互包容，勸導人民接受各宗教之間的差異，防止因宗教信仰所引起的爭論。敕令第十二章教導說：

　　「不應高舉自己的宗教，而批評別人的宗教，當在不適當的時機；或即使有適當的時機，（高舉自己的宗教和批評別人的宗教）也應僅是輕輕帶過，因為任何宗教皆有其值得尊敬的一面。」[43]

　　阿育王是法王的完美典範，因為他自己奉行法，同時也教導人民奉行法。敕令第四章說：

　　「天愛喜見王使得奉法之行增盛；王子、孫和曾孫，作為天愛喜見王的親人，使得奉法之行持續增盛至盡劫，他們奉法守戒，以身作則來教導法。」[44]

　　由此可知，阿育王教導人民奉行法，有三個階段：教給他們懂，做給他們看，和陪他們瞭解。國王的教法有著強大的力量，因為他身為一國之主，手握全權。領導者教法的重要性，如佛陀所說：

▲泰國東北部披邁石宮 (Prasart Phimai) 是大乘佛教建築群,據說是吳哥王朝著名國王闍耶跋摩七世所建。

「Rājā mukhaṃ manussānaṃ 國王是一切人的領導者。」[45]

當領導者奉行法，人民也必然奉行法。如佛在《王訓本生經》（*Rājovāda Jātaka*）所說：

「一群牛涉水過河，領頭的牛筆直向對岸過河，當領頭的牛這樣直直過去後，其它所有的牛也必然跟著直直過去；人群也一樣，被世俗選為領導者的人，如果他奉行法，人民也必然同樣跟著奉行法。如果國王奉行法，國家必定日日安樂。」[46]

因此，阿育王是佛教理想的法王。後期的偉大國王們皆以阿育王為典範來統領國家。例如印度迦膩色迦王（Kanishka）、達摩波羅王（Dharmapala）；高棉闍耶跋摩七世（Jayavarman）；泰國蘭甘亨大帝（Ram Khamhaeng）；日本聖德太子等。

▲泰國清萊白龍寺

▲泰國素可泰城王朝蘭甘亨大帝的浮雕
（© Hartmann Linge, Wikimedia Commons, CC-by-sa 3.0）

《摩奴法典》
是君主專政時代的憲法

▲泰國素可泰王朝王室宗廟瑪哈泰寺 (Wat Mahathat, Sukhothai)

▲泰國素可泰城王室宗廟瑪哈泰寺佛像

《摩奴法典》
是君主專政時代的憲法

　　佛曆一八二二年（西元一二七九年），泰國素可泰朝代，蘭甘亨大帝在位期間，採用「Piturājādhipateyya」，即「君待民如子」[47] 的國家治理方式。這令人憶起古印度阿育王的敕令：

　　「所有百姓都是我的孩子…。」[48]

　　當年蘭甘亨大帝還邀請來自洛坤府（現今為泰南 Nakhon Si Thammarat 府）的僧團，遠赴泰北素可泰城，傳揚楞伽（斯里蘭卡）上座部佛教的法脈。由於阿育王派遣自己的兒子和女兒，即摩哂陀長老（Mahinda）和僧伽蜜多長老尼（Saṅghamittā），到楞伽島弘法，因此在楞伽佛教

的法脈中，傳承自摩哂陀長老及僧伽蜜多長老尼的「法王」理想，也傳入泰國素可泰城。

無論如何，「法王」理想並非僅是透過楞伽島傳到素可泰城。另外有一個佛教法脈的傳播，是由阿育王派遣須那長老（Soṇa）及鬱多羅長老（Uttara），到金地（Suvaṇṇabhūmi）宣揚佛教。按照考古學的認定，「金地」是後來的**墮羅缽底國**（Dvāravatī，首都佛統府），與重要城市烏通（U—Thong），位於現今的泰國 ；[49] 以及主要港城塔通（Thaton 或 Sudhammapura），位於現今的緬甸。當時墮羅缽底國歸屬於孟族的境地，有五百年的繁榮，直到大約佛曆一六○○年（西元一○五七年）開始衰落，因為緬甸建立蒲甘（Bagan）王朝，率兵佔領孟族的主要城市併入緬甸領土，而墮羅缽底國在泰國的境地，後來被納入為素可泰王朝的一部分。

由於孟族的墮羅缽底國，比緬甸建立蒲甘王朝的時間更早，已經發展得繁榮昌盛，所以孟族的宗教和文化成就，都超越當時的緬甸民族。因此孟族雖然戰敗，卻能夠影響蒲甘王朝的緬甸民族，改信孟族所奉行的上座部佛教。

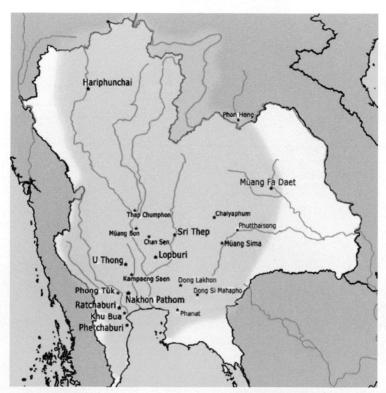

▲墮羅缽底國的領土（© Heinrich Damm, Wikimedia Commons, CC-by-sa 3.0）

▲緬甸蒲甘佛塔群

　　這段時間，孟族的知識份子撰寫了一 部治國理論的著作，書名是**《摩奴法典》**（*Phra Dhammasatra*），相當於巴利語的 **Dhammasattham**。素可泰王朝創建之後，泰王就採用這本書作為國家治理的準則，一直到曼谷王朝初期。[50]

　　當北方民族兼併緬甸蒲甘王朝時，伐麗流王（Wareru）在佛曆一八三〇年（西元一二八七年）重新創建孟國，首都設立於毛淡棉（Moke Ta Ma）。此時泰國蘭甘亨大帝在位，伐麗流王重新改寫《摩奴法典》，原始版本以巴利文撰寫，並翻譯為孟文，之後再由巴利文翻譯成緬文兩次。[51]《摩奴法典》對緬甸、孟族及泰國君王的治國理念影響深遠，這本論書所扮演的重要角色，即是在「金地」境域播種了「法王」的理想，並使得這一帶地區的「法王」思想，與印度阿育王的「法王」思想有所分別。

　　孟族人並非全部重新改寫《摩奴法典》，而是將婆羅門教的《摩奴法典》修改成為佛教的《摩奴法典》。《摩奴法典》這部印度論書，佛陀住世的時代已經存在，本書提倡「法」即是「責任」，為了社會的安寧，人人在四種姓中必須遵守規矩。此「法」並不僅是應該推崇的「倫理道德」，而是所有人都必須遵守的「法制」或「法律」，

國王也必須依照這規定實行，不能制定與《摩奴法典》的
原則相違背衝突的法律。因為這部論書的法制，是婆羅門
教中被譽為世間第一人的「摩奴」（Manū），直接聽聞「梵
天」親口宣說，再世代傳授下來。所以《摩奴法典》記載
的法制，並不是人類的成果，而是來自於「梵天」。因此
人人都必須遵守實行《摩奴法典》，國王也有責任監督所
有人遵守此一法制而行。由是之故，國王有權利依據《摩
奴法典》所制定的法規，審查、判決人民的案件。[52]

　　佛教的《摩奴法典》源自婆羅門教的《摩奴法典》，
所修改的內容重點歸納如下：

　　1、佛教的《摩奴法典》刪除梵天創世之事、世間第
一人「摩奴」的故事，以及四種姓制度的內容。

　　2、佛教的《摩奴法典》保留重要的法制及法律條文，
以便進行審查、判決各種案件，但是刪除法規的細節部分，
例如跨越種姓的婚姻等。

　　3、《摩奴法典》刪除婆羅門教的教義，改以佛教教義
替代。

▲緬甸蒲甘阿南達佛塔（Ananda Pahto）佛像

▲緬甸蒲甘佛像

泰國也接受孟族本《摩奴法典》，但是從素可泰王朝開始，就採用泰國改編的《摩奴法典》。[53] 泰文本的《摩奴法典》大部分保留孟族巴利文本的主要內容，但是增加了「王論」（Rājaśāstra），就是將在大城（Ayutthaya）和曼谷時代初期，泰王所制定的法律，納入成為《摩奴法典》的一部分；例如烏通王的檢察法、波隆摩‧戴萊洛迦納王（Boromma Trailokkanat 大城王朝）的皇家法和拉瑪一世王（曼谷王朝初期）的僧伽法等，都被納入為《摩奴法典》的一部分。當然泰王所制定的法律，不能與《摩奴法典》相違反、或有所矛盾。

拉瑪一世王親自下詔編審泰文本《摩奴法典》，一直到佛曆二三四八年（西元一八〇五年）才完成。《摩奴法典》對泰國君主專制時代治國的重要性，在拉瑪一世王的詔文中已明確表示。這份詔文中提到，拉瑪一世下令編審三藏經典完成之後，已到了國家必須編審《摩奴法典》的時候，在詔文中有一段內容如下：

「而在國家方面，將管治天下的王者，務必遵照**先王已制定的基本法規作為基礎**，方能為百姓所提出的案件，作出公道的審判…，所以下令尋找智者…編審皇家書室中的法令、基本法規，由《摩奴法典》開始，正確地依照**巴利文**，內容不能有錯誤或重複，依序編列章節。」[54]

▲三印法典

▲泰國拉瑪一世王

　　這份由國王宣佈的詔文，顯示出《摩奴法典》對君王治理國家的重要性，如同經、律、論三藏對佛教僧團的重要性。因此，拉瑪一世王下令編審《摩奴法典》完成之後，重新命名為**《三印法典》**（*Kod Mai Tra Sam Duang*）。

　　已重新編審的《摩奴法典》被書寫在貝葉上，並且蓋上三個印章：獅子印章、獅象印章、蓮花印章。

　　拉瑪一世王宣佈的詔文也明確表示，在君主專政時代，泰王不能隨意濫用立法權、行政權和司法權。

　　自古以來，泰國國王都依「十王法」和《摩奴法典》為本來立法、行政和審判案件。所以泰國的「法王」是「法增上」（Dhammādhipateyya），因為尊重法，又以「十王法」和《摩奴法典》的法規來治理國家。因此，曼谷王朝達里尼瓦王子（Prince Dhani Nivat）親口說：

　　「《摩奴法典》是暹羅自古以來遵行的憲法。」[55]

　　佛曆二四七五年（西元一九三二年），泰國發生政變，國家制度從君主專政體制改成君主立憲制，以泰國國王為最高領袖，《摩奴法典》的重要性就被現代的憲法所取代。

　　所以現代「法王」的概念也有所改變，從守持「十王法」及尊崇《摩奴法典》，變成守持「十王法」及遵守憲法的法規。

　　由此可見，佛教的「法王」概念，是有次序性的發展，首先從三藏中的《轉輪聖王經》提出一國之王務必作「法增上」（Dhammādhipateyya）的「法王」和遵守「十善業」、「十二轉輪王職責」、「四王攝法」等。

　　在古印度阿育王時代，所謂的「法王」，就是施行「法
勝」和遵奉《轉輪聖王經》中規定的王者。自從泰國素可
泰王朝以來，「法王」意指必須依循奉行「十王法」和嚴
守《摩奴法典》的國王。現今「法王」的意思，即是奉行「十
王法」和遵守憲法法規的王者。

▲泰國曼谷人民廣場

《摩奴法典》與
十王法

《摩奴法典》與十王法

在《摩奴法典》或《三印法典》的序言中，以巴利文記述這部書的由來，如下：

「哪一部論書對世人有大利益？明確的書名是《摩奴法典》，由婆利古仙（Manosāra）先用摩揭陀語（巴利文）宣說，之後由老師教導傳授；在孟族國，以孟語保存流傳。至今在暹羅，這部書文字難以為人所理解，所以我將用暹羅語（泰文）來撰寫，請各位聆聽我述說。」[56]

泰文本《摩奴法典》記述這部書的起源，乃是依據《起世因本經》的記載，原始時代的人民選出世上第一位國王，命名為「摩訶三摩多王」（Mahāsammatarājā，大選出王）。

　　按照《起世因本經注》的解釋，這位摩訶三摩多王是佛陀前生轉世的菩薩。[57] 摩訶三摩多王任命婆利古仙做審判者，有一天他審判錯誤，非常傷心地離開去出家，經過修行沙門法，獲得八禪，以神通飛到宇宙邊際，在那裡他看到巴利文字的記載：

　　「準確地記憶之後，回來撰寫為《摩奴法典》。」[58]

　　之後婆利古仙以《摩奴法典》教導摩訶三摩多王治理國家，世代相傳，如在《三印法典》中說：

　　「由此之故，《摩奴法典》又名為婆利丞相法，婆利古仙以它來教導大世俗王，讓國王守持十王法、五戒、八戒，對一切眾生慈悲，經常思惟《摩奴法典》的法制。」[59]

▲泰國東北部帕儂藍石宮 (Prasat Phnom Rung)

▲泰國東北部瑪它石宮 (Prasat Muang Tam)

▲印度埃洛拉 (Ellora) 第 10 號石窟佛像

▼ 印度埃洛拉第 16 號石窟—印度教神廟

　　婆利古仙的教導可分成兩個部分：第一、佛教法理，為了教導國王奉行善法，不濫用王權，為老百姓創造安樂的生活。第二、國家法規，為了讓國王遵守依循，運用於審判案件，維持社會的公道。第二部分是《三印法典》中的大多數內容，國王務必詳讀熟記《摩奴法典》的法規。

　　由以上可知，摩訶三摩多王是菩薩，他是「金地」的「法王」典範。但是摩訶三摩多王所奉行的，並不是在《轉輪聖王經》的「十善業」、「十二轉輪王職責」和「四王攝法」。在「金地」的君主專政體制之下，《摩奴法典》規定國王必須奉行以下這些法：

一、「十王道」或「十王法」

二、平日守持五戒，以及布薩日持八戒。

三、慈心遍及一切眾生。

四、奉行《摩奴法典》的法制。

▲印度阿姜塔 (Ajanta) 第 26 窟臥佛

「十王法」

監督王權

「十王法」監督王權

　　佛陀提到「十王法」，是在《大鳳本生經》（Mahāhaṁsajātaka）中一則有關鳳凰的長篇故事。[60] 在這個故事中，佛陀不是直接教導，而是透過故事裡的動物提出「十王法」，故事內容簡略如下：

　　有一隻金鳳菩薩，名叫達塔拉他（Dhataraṭṭha），不慎落入獵人網中，被抓去呈獻給波羅奈斯王（King of Bārānasī）。

　　另一隻同心的隨侍鳳凰，名叫蘇穆卡（Sumukha），自己雖然沒有落網，但也不願拋棄主人而去，因此跟著主人去覲見國王，不畏懼將隨之而來的災難。

　　當進入王宮朝覲國王之後，金鳳菩薩開始和國王談論法，金鳳菩薩請問國王：「陛下您是否放縱自己？是否畏懼死亡？」

　　國王回答：

　　「我看見未來壽命還很長，因為奉行十王法，所以不害怕死亡，我看到自身具有這些善法：佈施（Dāna），持戒（Sīla）；施捨（Pariccāga）；誠實（Ājjava）；溫和（Maddava）；熱心（Tapa）；無瞋（Akkodha）；無害（Avihiṃsā）；忍耐（Khanti）；不違（Avirodhana），想到這裡，我內心充滿歡喜。」[61]

　　從這個故事可以知道，古代的君王被封為法王，乃是因為奉行十王法。由於十王法只是被穿插於《本生經》故事之中，所以注釋師在闡釋佛經時，將其從簡放在《大鳳本生經》的注釋書中。[62]

　　因此，在阿育王時代，印度和錫蘭的佛教徒對「十王法」，並不像對於《轉輪聖王經》中的「轉輪王職責」那般重視，注釋師對後者在多處有詳細的闡釋。[63]

　　直到泰國素可泰王朝建都之前不久，在金地編修《摩奴法典》時，十王法才受到真正的重視，納入成為治國的方法。由於《大鳳本生經》注釋書對「十王法」說明非常簡略，因而在此將「十王法」逐條解說，並與「十善業道」、「五轉輪王職責」、「四王攝法」作比對，這些是《轉輪聖王經》注釋書所提及的「王法」：

一、**佈施**（Dāna）：法王修兩種佈施，（1）財施（Āmisadāna），為百姓謀社會福利，依照「四王攝法」中的**擲棒祭**（Sammāpāsa），給予錢財資助人民發展職業，以博取人心；（2）法施（Dhammadāna），以法佈施，包含給予學識，如阿育王教導人民佛法，泰國素可泰王朝利泰王（Phramaha Dhammikarājā Lithai）編寫《三界論》（*Tebhūmikathā*）等。

二、**持戒**（Sīla）：意即守持五戒和八戒，「**善業道**」是指遵守五戒的身口二善業。阿育王下詔禁止殺牲祭神，也是持戒的行為。

三、**施捨**（Pariccāga）：意即犧牲自己的安樂，為了利益大眾，如佛說：

「若棄於小樂，得見於大樂，智者棄小樂，當見於大樂。」[64]

四、**誠實**（Ājjava）：意指法王誠實對待人民，秉持公道審判案件，如佛說：

「急燥處事故，非為法住者，智者應辨別，正邪之兩者。導他不燥急，如法而平等，智者護正法，若有賢慮人，是為法住者。」[65]

▲泰國帕府 Wat Phrathatsutonmongkonkiree 的臥佛

公道者無四不應行（Agati）或四偏見，即（1）欲邪行（Chandāgati），（2）瞋邪行（Dosāgati），（3）癡邪行（Mohāgati），（4）畏邪行（Bhayāgati）。

秉持公道的法王還必須奉守「轉輪王職責」中禁非法（Adhammakāranisedhanā）這一項，意指預防和減輕國家發生災禍。

五、**溫和**（Maddava）：從身、口表現對他人的溫柔，即是「四王攝法」中的**飲祭**（Vājapeyya）。除此之外，也奉行轉輪王職責中的**遍問**（Paripucchā）這一項，即是以謙虛的態度向沙門及博學者請教指導。

六、**熱心**（Tapa，精勤止欲）：每日或佛日守持「齋戒」，致力奉行「**十善業道**」的最後三項，以及戒除所有禍根（Apāyamukha），如阿育王禁舉盛會 [66] 和打獵為樂，但以舉辦尋法之旅取代，即是前往「四聖地」（佛誕生、成道、涅槃和初轉法輪之地）朝聖。[67]

素可泰王朝時期，每個佛日都舉辦受戒聽法。蘭甘亨大帝在多羅（Tāla）樹林中建造「石坐」（Mananggasila），目的是在佛日邀請僧眾為高官、人民開示，平日由大帝在這裡上朝治理國政。

▲泰國拉瑪五世王 (King Rama V)

七、**無瞋**（Akkodha）：即慈心、博愛之意。[68] 法王對待人民就像父母愛子女，如阿育王的詔令中宣告：

「一切之人皆此朕之子，故朕猶如為朕之諸皇子，其一切完全同一，希望得現世並後世之利益安樂，此又對一切人人之希望。」[69]

慈心必將引領奉行轉輪王職責中的**法護**這一項，即是維護人民的法念。

八、**無害**（Avihiṃsā）：即悲心、憐憫之意 。[70] 法王具有悲心，方能避免好勝舉戰，起兵侵略殺戮他人性命，如阿育王停止「戰勝」，改而採取「**法勝**」，以法取勝，符合轉輪王職責中的**法增上**這一項。

九、**忍耐**（Khanti）：即忍受痛苦困難之事，忍耐長期刻苦的沉重工作，容忍被人辱罵或看輕，如拉瑪五世王對瓦齊努希（Vajirunhis）皇太子說：

「當國王不是為了富有、不是為了隨意欺負他人、不是為了厭惡他人想報仇、不是為了吃好住好…雖然是國王其實是貧人，而且必須克制樂苦二受，克制自心或別人挑撥突然生起的愛和恨。」[71]

▲泰國拉瑪九世王加冕典禮，曼谷大皇宮（1950年）

　　十、**不違**（Avirodhana）：即以王法監督王權在合適的
範圍內運用，法王會尊重法，奉法至上，遵守《摩奴法典》
或現代憲法的法規。如當今泰皇拉瑪九世的詔文宣告：

　　「朕請求證實說，未曾制定任何不合法的條例，
於國家憲法、法律、法令等等…；不曾隨心所欲作任
何事，自從登基王位之後，數十年來已制定數種版本
的憲法，不曾隨心所欲作任何事，如果隨心所欲，國
家早就沒落了。」[72]

▲泰國帕達揩希寺（Wat Phra That Cho Hae）佛舍利塔

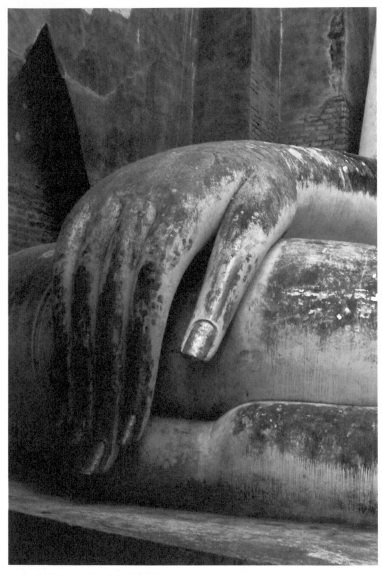

▲泰國素可泰王朝西春寺佛像 (Wat Si Chum, Sukhothai)

素可泰法王
並非天王

▲泰國素可泰王朝西春寺佛像

素可泰法王並非天王

　　素可泰王朝的國王獲得法王的尊稱，意指他們奉行「十王法」和遵守《摩奴法典》的法規。素可泰王有四位國王被稱為「法王」（Dhammarājā）：(1)Phramaha Dhammikarājā Lithai；(2)Phramaha Dhammikarājā Luthai；(3)Phramaha Dhammikarājā Sai Luthai；(4)Phramaha Dhammikarājā Borommapan。[73]

　　素可泰王朝利泰王（Phramaha Dhammikarājā Lithai）於佛曆一八九〇～一九一九年期間在位。與此同一時期，烏通王朝的烏通王也於佛曆一八九三年在大城（Ayutthaya，又稱阿育他耶城）登基，帝名為「Somdet Phrachao Ramadhipodi Sriborom Cakkapaddirajadhiraj」。[74]

　　烏通王朝是大城的第一個王朝，有三位國王：（1）Somdet Phrachao Ramadhipodi Sriborom Cakkapaddirajadhiraj（烏通王）；（2）Somdet Phraramesuan；（3）Somdet Phraramrajadhiraj。[75]

▲大城王室宗廟瑪哈泰寺 (Wat Mahathat, Ayutthaya)

▲大城王室宗廟瑪哈泰寺樹中佛

　　每一位的名字中，都有 Phraram（梵語 Rāma，漢譯「羅摩」或「拉瑪」，印度傳說中的神）一詞，若依婆羅門教的教義來說，大城的國王看似「天王」（Devarājā）；這與同時期在素可泰城的「法王」的信念不同。

　　視國王為「天王」的信念，廣泛流傳於高棉王國，其首都建於吳哥城。婆羅門教的「天王」（Devarājā）與佛教的「法王」（Dhammarājā），兩者的概念並不相同。「天王」一詞是指天神下凡，成為管治人世間的王，因此「王」是半神半人。這裡所謂「天神」是指婆羅門教的「毘濕奴」（Viṣṇu）、「那羅延」（Nārāyaṇa）或「濕婆」（Śiva）。[76]

　　由於高棉王信仰婆羅門教，因此相信國王是天神轉世來治理國家。如果國王是毘濕奴轉世，他的名字就有 Rāma（拉瑪）或 Viṣṇu（毘濕奴）的字詞，例如：蘇利耶跋摩二世（Suryavarman II）為了奉祭毘濕奴，建立宏偉的吳哥窟，所以被人尊稱為「Phrachao Borom Visnulok」。[77]

　　雖然大城國王的名字含有 Rāma 一詞，但這不表示泰王如高棉王一樣是天王。原因是泰王的名字雖然有 Rāma 一詞，但仍是佛教理念中的「法王」，因為國王僅是「世俗天」，不是「生起天」。

　　佛教的天神，分為三種：[78]

一、**世俗天**（Sammutideva）：王、王子、王后。

二、**生起天**（Upapattideva）：天界的神和梵界的梵天。

三、**清淨天**（Visuddhideva）：佛、辟支佛、聲聞。

泰王僅是位於「世俗天」，並非「生起天」或轉世來

▲ 高棉吳哥窟（Angkor Wat）

管治人間的天神。因此泰王的名字雖然含有 Rama 一詞，也只是世俗天，仍是奉行佛教「十王法」的「法王」。這個觀點由大城國王 Somdet Phra Boromma Trailokkanat 的名字可以看出端倪。這位國王的全名包含「拉瑪」及「十王法」二個字詞，如下：

「Somdet Phra **Ramathibodi** Boromma Trailokkanat Mahamonggut Theppayamanusavisuddhi Suriyavong Ongbuddhanggur Borombopit Phra Buddhachaoyoohua **Songdasapitrajadham** Thavanrajapravenee Sriboromkasatradhiraj Phrabat Dha Domrongbhumimonthon Sakolsimaprajaras Borommanatbopit」[79] 以及曼谷王朝拉瑪六世王的全名，也包含「Ramathibodi」、「Dasapitrajadham」和「Dhammikarājā」三個字詞，如下：

「Somdet Phra Paramindara Mahaprajadhipok Mahantadejadilok **Ramathibodi** Theppayapriyamaharajravivong Asombhinpongsapeerakasatra Purusarattana Rajanikarodom.... Chulalongkorn Rajavarangkur Mahamakutvongsaveerasurajistha **Rajadhammadasapit** Ukklittanibun Adulayalistabhinihan..... **SukhothaiDhammikarājā** Paraminthara Dhammika Maharajadhiraj Borommanathbopit Phrapokklaochaoyohua」[80]

　　從此可知大城國王 Somdet Phra Boromma Trailokkanat

與拉瑪六世王，皆是「世俗天」和奉行佛教十王法的「法王」。

▲泰國拉瑪六世王

▲泰國曼谷鄭王廟（Wat Arun, Bangkok）

結論

　　依佛教的理論而言，國王是經由世俗認定或挑選作為管治者的人，被賦予「摩訶三摩多王」（Mahāsammatarājā）之名。摩訶三摩多王的故事闡述，使得佛教中的國王，不同於如天王的轉世神。摩訶三摩多王是世上第一位國王，他是從菩薩精進修持圓滿成就波羅密（Pāramitā），成為佛教教主的佛陀。每一位國王無論是菩薩與否，都應當奉行法，使國家的人民歡喜滿意，方堪稱為「王」（Rājā），意即令人民歡喜滿意者。一國之君奉行法，得以尊稱為**法王**（Dhammarājā）。

　　「**法王**」的含義有二：（一）**如法王者**（Dhammika-rājā）：如法行持，為了使人民歡喜滿意；（二）**法增上**（Dhammādhipateyya）：奉法至上，並且以「王法」監督「王權」。

▲普密蓬陛下八十聖壽紀念徽 · 法扇

第一個含義是指，法王認為持有王位和權力，不是為了追求「**自利財**」（Attahita Sampatti），亦即不是只為創建自己的豐功偉業或利益安樂。持有王位和威權，是為了「**利他行**」（Parahita Paṭipatti），也就是帶要給人民更多利益安樂。因此，法王認為：為人民服務是「法」，也是他的責任。所以偉大的法王們皆認同，君王的責任是以「四王攝法」（Rājasaṅgahavatthu）、「轉輪王職責」（Cakkavattivatta）和「十王法」（Dasa Rājadhamma）來勝取人民的心。

第二個含義是指，法王是「法增上」，意即奉法至上，尊重法，以王法監督，使王權得以在合適的範圍內被使用。因為一直有法監督，法王才不會成為強權暴君。阿育王是法王的首位典範，他轉而採取「法勝」來替代「戰勝」的政策。泰國素可泰王朝的利泰王是持戒之王，遵行「十王法」和《摩奴法典》的法制。

現任泰王普密蓬・阿杜德（Bhumibol Adulyadej），在佛曆二四九三年（西元一九五〇年）登基大典上的第一次聖諭中宣詔：「朕將以法治國，為了全暹羅人民的利樂。」

這是泰王拉瑪九世陛下，第一次官方正式宣佈，自己將盡法王之責，奉行「十王法」，為了全泰國人民的利益安樂，也將遵行憲法的法規。六十多年以來，泰王陛下不辭辛勞，只為求人民的福祉，堪譽為「泰國人民之父」，也是「現代法王」的典範。拉瑪九世陛下採取法勝政策的理念，進行四千多個皇家計畫，這就是為了戰勝泰國人民苦難的實例。

▲泰皇普密蓬陛下勤政愛民，是目前全世界在位最久的國王

▲ 泰國曼谷帕榮寺佛塔 (Wat Prayoon, Bangkok)

▲泰國曼谷王朝大皇宮及玉佛寺 (Grand palace and phra kaew, Bangkok Dynasty)

【註解】

1 (P.T.S.) D.III.80.

2 (P.T.S.) D.III.93.

3 (P.T.S.) D.III.93.

4 (P.T.S.) D.III.93.

5 (P.T.S.) AA.IV.69. 布施、愛語、利行、同事。

6 George Bühler, "The Laws of Manu", Sacred Books of the East, Volume 25, Chapter I nos. 87-91.

7 (P.T.S.) It.23.

8 (P.T.S.) M.III.203.

9 轉輪聖王經在三藏中有三處：D.III.58，A.I.109，S.V.99.

10 (P.T.S.) D.III.58.

11 (P.T.S.) A.I.109.

12 (P.T.S.) D.A.III.850.

13 (P.T.S.) A.A.II.178.

14 (P.T.S.) Dh.48（Dhammaṃ care sucaritaṃ）

15 (P.T.S.) D.III.269, 290.

16 (P.T.S.) S.I.43.

17 "Letter to Bishop Mandell Creighton, April 5, 1887." Published in Historical Essays and Studies, edited by J.N. Figgis and R.V. Laurence（London: Macmillan, 1907）

18 (P.T.S.) D.III.61.

19 พระพรหมคุณาภรณ์ (ป.อ.ปยุตฺโต), พจนานุกรมพุทธศาสตร์ ฉบับประมวลธรรม, วัดญาณเวศกวัน, ๒๕๔๘ หน้า ๒๕๐-๒๕๒.

20 (P.T.S.) D.III.59.

21 (P.T.S.) D.III.152,232.

22 (P.T.S.) S.I.75-76.

23 (P.T.S.) S.I.76.

24 (P.T.S.) S.A.I.145-146.

25 (P.T.S.) S.I.76.

26 (P.T.S.) S.A.I.145-146.

27 (P.T.S.) D.III.59.

28 พระหรหมคุณาภรณ์ (ป.อ.ปยุตฺโต), กาลานุกรมพระพุทธศสานา ในอารยธรรมโลก, วัดญาณเวศกวัน ๒๕๕๓, หน้า ๓๒.

29 พระพรหมคุณาภรณ์ (ป.อ.ปยุตฺโต), จารึกอโศก, ธรรมสภา, ๒๕๔๒, หน้า ๓๖.

30 เพิ่งอ้าง หน้า ๗๑.

31 พระพรหมคุณาภรณ์ (ป.อ.ปยุตฺโต),กาลานุกรมพระพุทธศาสนาใน อารยธรรมโลก, วัดญาณเวศกวัน ๒๕๕๓, หน้า ๔๒.

32 พระพรหมคุณาภรณ์ (ป.อ.ปยุตฺโต), จารึกอโศก, ธรรมสภา, ๒๕๔๒, หน้า ๓๗.

33 เพิ่งอ้าง หน้า ๕๑.

34 เพิ่งอ้าง หน้า ๕๙.

35 เพิ่งอ้าง หน้า ๗๖.

36 เพิ่งอ้าง หน้า ๖๐.

37 เพิ่งอ้าง หน้า ๙๑.

38 เพิ่งอ้าง หน้า ๙๒.

39 เพิ่งอ้าง หน้า ๖๘.

40 เพิ่งอ้าง หน้า ๔๒.

41 เพิ่งอ้าง หน้า ๓๗.

42 เพิ่งอ้าง หน้า ๘๐.

43 เพิ่งอ้าง หน้า ๕๓.

44 เพิ่งอ้าง หน้า ๔๐.

45 (P.T.S.) M.II.146.

46 (P.T.S.)J.III.110-111.

47 สมเด็จกรมพระยาดำรงราชานุภาพ, ลักษณะการปกครองประเทศไทยแตโบราณ, ๒๔๗๐ หนา ๑๐

48 พระพรหมคุณาภรณ์ (ป.อ.ปยุตฺโต), จารึกอโศก, หน้า ๙๑.

49 John Guy, Lost Kingdoms: Hidu-Buddhist Sculpture in Early Southeast Asia, The Metropolitan Museum of Art, New York, p.19.

50 Robet Lingat, "Evolution of the Conception of Law in Burma and Siam". Journal of the Siam Society 38 (1), 1950, p.24.

51 Ibid.p.13.

52 George Bühler, op.cit., Chapter VIII.

53 Robert Lingat, op.cit. p. 24.

54 กำธร เลี้ยงสัจธรรม (บรรณาธิการ), กฎหมายตรา ๓ ดวง ฉบับพิมพมหาวิทยาลัยวิชาธรรมศาสตร และการเมือง แกไขปรับปรุงใหม เลม ๑, สถาบันปรีดี พนมยงค, ๒๕๔๘, หนา ๓-๔.

55 Dhanil Nivat, Prince. "The Old Siamese conception of the Monarchy". JSS. VOL.36 (pt.2) 1946. p. 93.

56 กำธร เลี้ยงสัจธรรม (บรรณาธิการ), กฎหมายตรา ๓ ดวง, เล่ม ๑ อางแลว หนา ๗-๘

57 ที.ปา.อ. ๓/๔๗.

58 กำธร เลี้ยงสัจธรรม (บรรณาธิการ), กฎหมายตรา ๓ ดวง, เล่ม ๑ อางแลว หนา ๑๓.

59 เพิ่งอ้าง หน้าเดียวกัน

60 (P.T.S.) J.V.354-382.

61 (P.T.S.) J.V.378.

62 (P.T.S.) JA.V.354.

63 (P.T.S.) AA.IV.69.

64 (P.T.S.) Dh.64；《漢譯南傳大藏經》第 26 冊，42 頁

65 (P.T.S.) Dh.256, 257;《漢譯南傳大藏經》第 26 冊，38 頁。

66 พระพรหมคุณาภรณ์ (ป.อ. ปยุตฺโต), จารึกอโศก, หน้า ๓๖.

67 เพิ่งอ้าง หน้า ๔๗.

68 (P.T.S.) JA.V.379.

69 พระพรหมคุณาภรณ์ (ป.อ. ปยุตฺโต), จารึกอโศก, หน้า ๙๑ ；《漢譯南傳大藏經》第 70 冊，36-37 頁。

70 (P.T.S.) JA.V.379. พระบรมราโชวาทในรัชกาลที่ ๕ พระราชทานสมเด็จเจ้าฟ้ามหาวชิรุณหิศ ลงวันที่๘ กรกฎาคมร.ศ. ๑๑๒

71 พระบรมราโชวาทในรัชกาลที่ ๕ พระราชทานสมเด็จเจ้าฟ้ามหาวชิรุณหิศ ลงวันที่๘ กรกฎาคม รุ.ศ. ๑๑๒ พระราชดำรัส ณ พระตำหนักเปี่ยมสุข วังไกลกังวล วันอังคาร ที่๒๕ เมษายน ๒๕๔๙

72 พระราชดำรัส ณ พระตำหนักเปี่ยมสุข วังไกลกังวล วันอังคาร ที่ ๒๕ เมษายน ๒๕๔๙

73 "ราชวงศ์พระร่วง", วิกิพีเดีย สารานุกรมเสรี. ๒๘ มิถุนายน ๒๕๕๗.

74 กำธร เลี้ยงสัจธรรม (บรรณาธิการ), กฎหมายตรา ๓ ดวง, เล่ม ๒, หน้า ๑๑๐.

75 "ราชวงศ์อู่ทอง." วิกิพีเดีย สารานุกรมเสรี. ๒๒ ตุลาคม ๒๕๕๗.

76 "Devaraja." Wikipedia, The Free Encyclopedia. 27 July 2014.

77 "พระเจ้าสุริยวรมันที่ 2." วิกิพีเดีย สารานุกรมเสรี. ๒๙ เม.ย. ๒๕๕๗.

78 （P.T.S.）CNid.112, 312.

79 กำธร เลี้ยงสัจธรรม (บรรณาธิการ), กฎหมายตรา ๓ ดวง, เล่ม ๑, อางแลว หน้า ๕๑.

80 "พระบาทสมเด็จพระปกเกล้าเจ้าอยู่หัว". วิกิพีเดีย สารานุกรมเสรี. ๑๑ พฤศจิกายน ๒๕๕๗.

國家圖書館出版品預行編目（CIP）資料

法王論 Dhammarājā / 梵智長老作 . -- 初版 . --
［高雄市］：上趣，2015.06
　　面；　公分 . --（大乘佛教研究中心叢書系列；01）
ISBN 978-986-91880-1-2（平裝）

1. 佛教修持

225.87

【大乘佛教研究中心叢書】系列 01
Center for Mahayana Buddhism Studies Publications, Series 1

法王論　Dhammarājā

編委會主任（Chairperson of Editorial Board）：
　　　　梵智長老（Ven. Phra Brahmapundit）
　　　　本性禪師（Ven. Ben Xing）
作　　者（Author）：梵智長老（Ven. Phra Brahmapundit）
譯　　者（Translators）：
　　　　釋阿難（A. P. Ānando）釋悟性（Bhikkhuni Wusung）陳彥玲（Chen Yan Ling）
總　編　輯（Chief Editor）：王存立（Wang Tsun Li）
總　企　劃（Overall Planning）：宓　雄（Mi Xiong）、釋悟性（Bhikkhuni Wusung）
美術編輯：上趣智業（www.summit.cc）　SUMMIT CREATIVE 上趣創意延展
　　　　喬靜靜　梁　莉
藝術總監：宓　雄
發 行 人：李宜君
出　　版：上趣創意延展有限公司
地　　址：（80457）高雄市鼓山區中華一路 316-2 號 6 樓
電　　話：（07）3492256
網　　址：www.summit.cc
郵 撥 帳 號：42321918 上趣創意延展有限公司
監　　製：泰國摩訶朱拉隆功大學　中國福州開元寺
　　　　大乘佛教研究中心
總 經 銷：紅螞蟻圖書有限公司
地　　址：（114）台北市內湖區舊宗路二段 121 巷 19 號
電　　話：（02）2795-3656　傳真：（02）2795-4100
印　　刷：成陽印刷股份有限公司
出版日期：2015 年 6 月初版一刷
定　　價：200 元
ISBN：978-986-91880-1-2